Mein Reisebegleiter

Ein Muss für jeden, der es liebt zu reisen

Ausgabe 1 (2017)

Bibliografische Information der Deutschen Nationalbibliothek:
Die Deutsche Nationalbibliothek verzeichnet diese Publikation in der Deutschen Nationalbibliografie; detaillierte bibliografische Daten sind im Internet über http://dnb.dnb.de abrufbar.

Impressum
ISBN: 978-3-7431-3401-0
© 2017 Jörg Schock / Sandra Kärcher (Autoren)
Download-Privider: www.all-inkl.com
Herstellung und Verlag: BoD - Books on Demand, Norderstedt
Auflage: 1
Jahrgang: 2017
Kontakt zu den Autoren: info@moxy-hobby.de

Mein Reisebegleiter

Ein Muss für jeden, der es liebt zu reisen

Ein Hilfsmittel für jeden Urlaub

Ausgabe 1 (2017)

Inhalt

Inhalt	7
Einleitung	8
Das Verkehrsmittel	9
Ich packe meinen Koffer	13
Nur Bares ist Wahres	17
Kurtaxe	18
Reisepass / Visum	19
Die (Reise-)Krankenversicherung	22
Die Reiseapotheke	23
So wird gesprochen	27
Das Geld der Welt	35
Nach Hause telefonieren	46
Internationale Stromstecker	56
Zeitzonen	65
Botschaften	76

Feedback können Sie gerne senden per
E-Mail an **info@moxy-hobby.de**.
Vielen Dank

Hinweis: Wir sind dankbar für alle Einsendungen von Feedback

Liebe Leser,

sie planen eine Reise und freuen sich schon darauf? Mit diesem kleinen Helfer sorgen sie dafür, dass ihre Traumreise und ihr Urlaub kein Alptraum wird.

In diesem Buch sind alle Informationen für eine jede gelungene Urlaubsreise zu finden. So kann nichts mehr vergessen werden und sie sind für alle Eventualitäten vorbereitet.

Vorlagen, um ihre Urlaubsplanung zu vereinfachen, stehen zum Download bereit. Kofferpacklisten, Zollformular, ect.

Das Reiseverkehrsmittel

Als erstes steht man vor der Frage, wie komme ich in den Urlaub und wie bewege ich mich im Urlaub fort. Jedes Verkehrsmittel hat etwas für sich. Bei jedem Verkehrsmittel muss man aber einiges beachten, um unkompliziert reisen zu können.

Grundsätzlich gilt:
Informieren Sie sich über die Verkehrsrichtlinien im Urlaubsland und halten sie sich an diese. Verstöße gegen Verkehrsverordnungen und unfallverursachende Verhaltensweisen im Straßenverkehr können zu hohen Geldbußen und sogar zu Inhaftierungen führen. Das gilt auch, wenn sie keinen Unfall verursacht haben sondern wegen ihrem Verhalten im Straßenverkehr einen Unfall hätten verursachen können.
Dieses gilt auch für Fußgänger!

Fahrrad
Achten Sie darauf, dass das Gefährt die gesetzlichen Grundlagen erfüllt. Innerhalb von Deutschland müssen Fahrräder auf ihre Verkehrstauglichkeit überprüft sein.
- ➢ Funktioniert die Lichtanlage?
- ➢ Funktionieren die Bremsen?
- ➢ Sind Schrauben für Räder, Sattel, Lenker, Pedalen und Schutzbleche richtig befestigt?
- ➢ Ist die Kette gespannt und gut geölt?
- ➢ Funktioniert die Gangschaltung, ohne dass die Kette beim Schalten raus springt?

Fahrradhelme sind immer empfohlen! Achten sie darauf, wenn sie eine Auslandreise mit dem Fahrrad vornehmen, ob eventuell im Urlaubsland eine Helmpflicht, Versicherungspflicht oder Vergleichbares für das Führen eines Fahrrads besteht.
Beachten Sie, bei welchem Alter welcher Bereich befahren werden muss!

Motorrad, Auto (Anhänger), Wohnmobil, Wohnwagen

Beachten sie unbedingt, dass ihre Fahrerlaubnis im Urlaubsland für das von Ihnen geführte Fahrzeug Gültigkeit hat. Der Führerschein ab 17 hat zum Beispiel nicht in allen Ländern, auch nicht innerhalb der EU, Gültigkeit! Haben sie immer und grundsätzlich Ihre Fahrzeugpapiere für eine mögliche Verkehrskontrolle griffbereit.

- ➢ Ist die Lichtanlage Funktionstüchtig?
- ➢ Haben sie genug Kraftstoff und Öl im Fahrzeug?
- ➢ Funktionieren die Bremsen?
- ➢ Ist das Kühlwasser ausreichend?
- ➢ Ist der Reifendruck und der Reifentyp der Witterung im Urlaubsland angepasst?
- ➢ Überprüfen sie die Fahrzeugbatterie!

Achtung für Dieselfahrer: Fahren sie nur mit legalem Kraftstoff. Heizöl kann zwar auch ihr Fahrzeug betreiben, ist aber Illegal. Bei Stichproben fällt die Benutzung von Heizöl auf, auch wenn es vor längerer Zeit war! Benutzung von illegalen Kraftstoffen kann hohe Strafen mit sich bringen.

In manchen Ländern entstehen gesonderte Gebühren zur Straßen- und Autobahnnutzung. Erkundigen sie sich, was für ihr Urlaubsland gilt und für die Länder, die sie durchfahren, um ihr Ziel zu erreichen.

Stellen sie sicher, dass ihre KFZ-Versicherung im Urlaubsland Gültigkeit hat. Selbstverständlich auch für die Länder, die sie zum Urlaubsland durchfahren müssen! Erweitern Sie bei Ihrer Versicherung gegebenenfalls ihren Versicherungsschutz.

Haben Sie, um sicherzugehen, dass sie für alle Situationen vorbereitet sind, immer ein Wahndreieck, eine Warnweste, ein Verbandkasten, einen Fahrzeugzweitschlüssel und ggf. eine Ersatzsehhilfe dabei.

ÖPNV (Öffentlicher Personen-Nahverkehr)
Unter diesem Sammelbegriff vereinen sich Straßenbahnen, Linienbusse, Nahverkehrszüge und Schwebebahnen. Dieselben Regeln gelten meist auch bei Skilifte, Shuttlebusse und vergleichbaren Servicefahrzeuge!
> ➢ Lösen Sie immer vor Antritt der Fahrt ein gültiges Ticket. Schwarzfahren ist im Endeffekt viel teurer.

Im Nahverkehr kann man im Straßenbetrieb oft ein Ticket beim Fahrer lösen. (Nicht immer!) In Nahverkehrszügen ist dieses meist nicht möglich.

Viele Reiseveranstalter und Hotels bieten als kostenlosen Service ein gültiges Ticket für den ÖPNV an.

Taxi
Nicht in jedem Land ist es so einfach wie in Deutschland, ein Taxi zu bekommen. Anrufen und das Taxi kommt ist zwar in den meisten Ländern möglich, ist aber nicht überall. Das Anhalten von vorbeifahrenden Taxen ist mühsam. Suchen sie um ein Taxi zu bekommen den nächsten Taxistand auf. Taxistände sind meist in der Nähe von Bahnhöfen, Restaurants und Veranstaltungsorten.
> ➢ Steigen sie niemals in ein Taxi ein, wenn sie die Fahrt nicht bezahlen können. Das Nutzen einer Fahrdienstleistung, ohne diese wissentlich nicht zahlen zu können, ist ein Betrug (Straftat)!

Züge im Fernverkehr
Hier gilt, wie im ÖPNV, dass der Einstieg in das Fahrzeug nur mit gültigem Fahrschein erlaubt ist. Sollten sie es nicht schaffen, ihren Zug zu erreichen, wenn sie vorher ein Ticket gelöst hätten, können sie in den meisten Zügen, der meisten Gesellschaften, auch direkt beim Schaffner/Zugbegleiter lösen. (nicht überall!) Das Lösen des Tickets beim Schaffner ist meist mit höheren Kosten verbunden. Wir empfehlen stets so früh wie möglich zu buchen!

Fernbusreisen
Hier gilt, wie im ÖPNV, dass der Einstieg in das Fahrzeug nur mit gültigem Fahrschein erlaubt ist. Buchungen sind im Voraus vorzunehmen. Da Onlinebuchungen bei Fernbusreisen möglich sind, können sie auch kurzfristig per Smartphone ihr Ticket buchen.

Flugzeug
Hier gilt: ohne Ticket kein Zugang zum Flugzeug. Tickets erhalten sie entweder bei einer frühzeitigen Buchung über jedes Reisebüro oder auch „last minute" im Terminal direkt am Flughafen. Koffer dürfen nur im Gepäckbereich des Flugzeugs untergebracht werden und müssen entsprechend aufgegeben werden.

Für das Handgepäck im Flugzeug ist zu beachten, dass nicht mehr als 1000 ml Flüssigkeit (insgesamt) mitgenommen werden darf. Keine Verpackungseinheit für Flüssigkeiten darf mehr als 100 ml fassen/beinhalten.

Schiffsreisen
Hier gilt: ohne Ticket kein Zugang an Board. Tickets erhalten sie über jedes Reisebüro. Koffer müssen aufgegeben werden und werden vom Bordpersonal in ihre Kabine gebracht.

Achten Sie bei Schiffsreisen vor Reiseantritt insbesondere auf:
1. Kleiderordnung an Bord
2. Bordsprache
3. Bordwährung
4. ggf. Bordkredit
5. Zusatzkosten (z.B. Hafen- und Anlege-Gebühren)

Ich packe meinen Koffer

Vor jeder Reise, gleichgültig mit welchem Verkehrsmittel, gleichgültig, wohin es geht, es kommt immer dieselbe Frage. Was muss alles in den Koffer und worauf kann man im Urlaub verzichten. Männer beklagen sich, dass Frauen stets zu viel mitnehmen wollen und Frauen fragen sich, wie Männer mit nur so wenig auskommen!?!

Was man tatsächlich benötigt, ist abhängig vom Klima am Urlaubsort, der Jahreszeit und die Art der Reise.

Beispielfragen:
Brauche ich die Badehose auf einer Geschäftsreise? – Wie viele T-Shirts brauche ich bei einem Urlaub am Polarkreis? – Brauche ich einen Wintermantel bei einer Wüstensafari?

Denken Sie immer daran, sie müssen auch zum Urlaubsort hinkommen und wieder zurück. Bei längeren Reisen achten Sie auch auf die Gegebenheiten beim Verkehrsmittelwechsel.

Gleichgültig, wohin Sie reisen, seien Sie auf alle Eventualitäten vorbereitet, aber übertreiben Sie es nicht.

Bei längeren Reisen (ab 4 Wochen) stellen Sie sicher, ob das Waschen Ihrer Wäsche am Reiseziel ermöglicht werden kann. Wenn diese Möglichkeit besteht, können Sie viel Gepäck einsparen. Nötigenfalls nehmen Sie ein Reisewaschmittel mit, um an jedem Waschbecken eine Wäschereinigung vornehmen zu können.

Vorbereitet sein ist alles!

Unterbekleidung

Wen es um Unterwäsche geht, stellen sie sicher, dass auch unglückliche Vorkommnisse kein Problem darstellen. Zur Unterbekleidung zählen Unterhosen, Unterröcke, Unterhemden, Büstenhalter, Hüfthalter, Strümpfe/Socken und Strumpfhosen. Urintropfen in der Unterhose, ausgelaufene Muttermilch, Unerwarteter Start der Menstruation oder es geht einfach mal zu schnell und sie kommen nicht rechtzeitig zum Örtchen.

Deshalb gilt:
Immer 30% mehr Unterbekleidung mitnehmen, als Sie im Normalfall brauchen. (Bei 7 Reisetagen den Bedarf von 10 Tagen)

Tageskleidung

Unter Berücksichtigung ihres Kleidungssteels bedenken sie, wie oft sie Ihre äußere Kleidung im Hausgebrauch wechseln. Vergleichen Sie Ihre häuslichen Gegebenheiten mit dem, was Sie Auf der Reise vorhaben.

Beispiele:
- Im Hausgebrauch wechseln Sie Ihre äußere Wäsche alle 3 Tage, tragen die Kleidung jedoch ganztags. Auf Reisen brauchen sie ihre Tageskleidung nur in den Abendstunden, da sie tagsüber am Strand liegen. Entsprechend oft kann diese Tageskleidung getragen werden
- Auf Wanderschaft, Safari oder Expedition dürfte der Wechsel der Kleidung entsprechend häufiger von statten gehen
- Bei Geschäftsreisen dürfte es keinen Unterschied geben

Packen sie nur so viel Tageskleidung ein, wie viel sie tatsächlich brauchen. Alles was sie zu viel mitnehmen, muss im Koffer auch geschleppt werden. Dennoch – berücksichtigen Sie auch Unfälle, zum Beispiel beim Essen, die ihre Kleidung verschmutzen.

Gesonderte Reisekleidung
Wenn Sie auf ihrer Reise anstelle ihrer Tageskleidung fast ausschließlich auf die Reise abgestimmte Kleidung benutzen, zum Beispiel auf des Reiseland den Kleidungssteel angepasst (Tunika in Indien) oder ein Militärdress in einem entsprechenden Camp, sollten sie dennoch mindestens eine Garnituren Ihrer Tageskleidung griffbereit haben.

Wetterkleidung
Erkundigen sie sich, welche Witterungsverhältnisse an ihrem Reiseziel möglich sind! Selbst in Wüstenregionen, in denen es meist sehr trocken ist, kann es zumindest nachts sehr kalt werden. Nur weil es heißt, dass es nur 2-3 Mal im Jahr regnet, heißt es nicht, dass sie diesem Regen entkommen.

Sorgen sie vor für:
- Extreme Kälte
- Extreme Hitze
- Extreme Feuchtigkeit/Regen/Unwetter

Anlasskleidung/Kleiderordnung
In einigen Hotels, auf Luxusschiffreisen und für einige Anlässe herrschen klar definierte Bekleidungsbestimmungen. Um teilnehmen zu können, ist das Befolgen unumgänglich. Der Ausschluss aus einer Veranstaltung ist andernfalls nicht auszuschließen!

Elegant
Abendkleid, Ballkleid, Kostüm, Anzug, Smoking, Halstuch, Fliege, Krawatte, passendes Schuhwerk

Geschäftlich
Kostüm, Anzug, Halstuch, Krawatte, passendes Schuhwerk

Leger
Tageskleidung, Bademantel, Strandkleidung, Hawaii-Stile

Sportlich
Trainingsanzug, Jogginganzug, Sportdress, Turnschuhe, Schwimmkleidung,

Scene/Zielgruppenkleidung
Auf die Reise, welche eine spezielle Zielgruppe bedient, angepasste Kleidung. (Goth, Punk, Rock, Transvestit)
Passen Sie Ihre Kleidung der Scene/Zielgruppe an!

Es ist natürlich wichtig, dass sie alles, was sie in den Urlaub mitnehmen, auch wieder mit zurück bekommen. Um sicherzugehen, empfehlen wir eine Kofferpackliste.

<u>Download für die Kofferpackliste</u>
www.moxy-hobby.de/reise/koffer.pdf

Tragen Sie in die Kofferpackliste jedes Gepäckstück ein und tragen sie die Menge in die erste Spalte. Jeder Mitreisende eine eigene Liste. Beim Packen für die Rückreise die Inhalte es Koffers zählen und die Mengen rechts in die Spalte eintragen. Ergänzen sie Gepäckstücke, die sie auf der Reise gekauft haben. So geht nichts verloren!

Die Kofferpackliste dient ihnen auch als Nachweis bei einer Zollabwicklung. So können sie vermeiden, dass zum Beispiel ein 10.000-Euro-Mantel, den sie beim Reiseantritt mitgenommen haben, auf dem Rückweg verzollt werden muss!

Heben Sie für alle Gepäckstücke, die sie auf der Reise eingekauft haben, die Kaufbelege auf. Tragen sie alles in die Kofferpackliste ein! Es vereinfacht und beschleunigt die Zollabwicklung!

Nur Bares ist Wahres

Grundsätzlich gilt, dass jeder uneingeschränkt Bargeld mit sich führen darf. Nach dem Geldwäschegesetz der EU muss jedoch, wenn mehr als 10.000 € an Bargeldmitteln mit sich führt werden, dieses beim Zollamt vor Reiseantritt angemeldet werden.

Als Bargeldmittel zählt
- Offizielle Zahlungsmittel jedweder Währung
- Wechsel
- Schecks
- Physische Aktien und Wertpapiere
- Edelmetalle, die als Zahlungsmittel verwendet werden können

Download für die Bargeldanmeldung
www.moxy-hobby.de/reise/bargeld-zoll.pdf

In welchem Land mit welcher Währung gezahlt wird, sehen Sie in der Auflistung ab Seite 35.

Kurtaxe

In den staatlich anerkannten Kur- und Erholungsorten können die Gemeinden von den Personen, die sich zu Kur- und Erholungszwecken im anerkannten Kurgebiet der Gemeinde aufhalten, einen Kurbeitrag erheben. Notwendige Rechtsgrundlage ist eine rechtswirksame gemeindliche Kurbeitragssatzung. Beitragspflichtig sind alle Personen, die nicht ihren Hauptwohnsitz in der Gemeinde haben, sich nicht ausschließlich aus beruflichen oder geschäftlichen Gründen in der Gemeinde aufhalten und die Möglichkeit haben, gemeindliche Einrichtungen zu nutzen. Der Kurbeitrag wird von Übernachtungsgästen in der Regel über den Unterkunftsvermieter eingehoben. Tagesgäste zahlen den Kurbeitrag zusammen mit Eintrittsgeldern und dergleichen. Zweitwohnungsbesitzer sind ebenfalls kurbeitragspflichtig. Dieser Betrag kann von Ort, Land und Region unterschiedlich sein.

Erkundigen Sie sich frühzeitig, ob und in welcher Höhe eine Kurtaxe von Ihnen an ihrem Urlaubsziel gezahlt werden muss.

Der Reisepass / Visum

Für eine Reise in Deutschland oder innerhalb der EU ist ein Reisepass nicht erforderlich. Selbst bei Einreise in die Schweiz, obwohl sie kein Mitgliedsstaat der EU ist, ist ein Reisepass nicht von Nöten. Mit der Schweiz gibt es eine Sondervereinbarung.

Für alle anderen Reiseziele der Welt muss ein Reisepass vorliegen, um einreisen zu dürfen, und um dort einen Urlaub verbringen zu dürfen.

Der Reisepass hat in der Regel 24 Seiten. Wenn sie viel Reisen, können sie auch einen Reisepass mit 48 Seiten beantragen.
Er ist geringfügig teurer!

Benötigen sie den Reisepass schneller als die gewöhnlichen 3-4 Wochen, können sie gegen Aufpreis einen Express-Reisepass beantragen.

Die Kosten des Reisepasses variieren von Stadt zu Stadt!

Voraussetzungen für den Reisepass-Antrag

Deutsche Staatsangehörigkeit
Den Antrag für einen Reisepass können sie nur stellen, wenn sie deutscher Staatsbürger sind. Dieses können sie mit der Vorlage ihres Personalausweises belegen.

Persönliches Erscheinen
Den Antrag können sie nur vor Ort, bei ihrem zuständigen Einwohnermeldeamt, stellen. Dafür müssen sie persönlich anwesend sein.

Für Kinder und Jugendliche:
Antrag der gesetzlichen Vertreter

Für Kinder und Jugendliche unter 18 Jahren können nur die gesetzlichen Vertreter den Antrag stellen. Die gesetzlichen Vertreter sind meistens die Eltern. Bei der Antragstellung muss das Kind ebenfalls anwesend sein.

Was wird für den Antrag eines Reisepasses benötigt?

Biometrisches Passfoto

Das Foto muss aktuell sein. Es muss die Anforderungen an Fotos für elektronische Reisepässe erfüllen.
... Fragen Sie in einem Fotostudio nach

gültiges Ausweis-Dokument

zum Beispiel Ihr Personalausweis, falls Sie einen haben, oder Ihr alter Reisepass, falls dieser noch gültig ist.

Unter Umständen: Personenstandsurkunde

Bringen Sie bitte eine Geburtsurkunde oder Eheurkunde oder Lebenspartnerschaftsurkunde mit, falls Sie noch nie einen Personalausweis oder einen Reisepass hatten und falls Ihre Angaben zu Ihrer Person abweichen von den Daten, die im Melderegister gespeichert sind. Das kann zum Beispiel nach einer Heirat oder nach einer Namensänderung sein.

Bei Anträgen eines gesetzlichen Vertreters für ein Kind:
schriftliche Zustimmung des anderen Sorgeberechtigten

Dies ist nicht erforderlich, falls Sie alleine sorgeberechtigt sind oder falls beide Elternteile anwesend sind.

Download für den Antrag
www.moxy-hobby.de/reise/reisepass-kind.pdf

Wenn auch die Voraussetzungen für den vorläufigen Reisepass die Selben sind und die Kosten niedriger, raten wir Ihnen von diesem ab. Der vorläufige Reisepass, auch ePass genannt, ist nur ein Jahr gültig, kann nicht verlängert werden und wird nicht in allen Ländern / an allen Reisezielen anerkannt!

Der Reisepass dient dazu, das Einreisevisum in ein Urlaubsland, in manchen Ländern auch das Ausreisevisum oder Transitvisum beim Grenzübertritt eintragen zu lassen.
Beim Antrag auf ein Visum ist anzugeben

- Einreisegrund
- Aufenthaltszeit im Einreiseland
- Aufenthaltsort im Einreiseland
- Wie wird der Aufenthalt finanziert
- Reisekrankenversicherung?

An einigen Urlaubsorten müssen gesonderte Antragsformulare beim Grenzübertritt ausgefüllt werden. Teilweise in mehrfacher Ausführung.

Achtung
In den USA und Japan gilt das Einreisevisum nicht als Aufenthaltsgenehmigung. Diese muss gesondert beantragt werden! Das Einreisevisum berechtigt lediglich zum Grenzübertritt.

Begriffserklärung:

Einreisevisum
Das Einreisevisum ermöglicht das Einreisen in ein Urlaubsland

Ausreisevisum
Das Ausreisevisum bestätigt dem Urlaubsland, dass die Abreise ordnungsgemäß durchgeführt wurde,

Transitvisum
Das Transitvisum wird für eine Durchreise eines Landes benötigt, um ein Urlaubsland zu erreichen. In einigen Ländern wird festgelegt, welche Strecke mit dem ausgestellten Transitvisum zu befahren ist.

Die Reise(-kranken)versicherung

Gültigkeit der Versicherungskarte gesetzlicher Krankenversicherungen
- Alle Mitgliedsländer der EU
- Schweiz
- Norwegen
- Lichtenstein
- Dänemark
- Island
- Mazedonien
- Montenegro
- Serbien
- Türkei *(nur mit zusätzlichem Auslandskrankenschein)*

Auslandskrankenscheine sind erhältlich bei ihrer Krankenversicherung. Zusatztarife für weltweiten Krankenversicherungsschutz bieten die meisten gesetzlichen Krankenversicherungen an. Für die angegebenen Länder und Regionen ist keine Reisekrankenversicherung erforderlich. Reisekrankenversicherungsoptionen haben meist eine Gültigkeit von längstens 6 Wochen. Der erweiterte Versicherungsschutz beinhaltet zusätzlich einen Krankenrücktransport.

Alternativ gibt es zahlreiche **private Reisekrankenversicherungen**, welche auch für längere Zeiträume gelten können. Diese sind erheblich preisgünstiger als die Zusatzoptionen der gesetzlichen Krankenversicherungen und bieten meist auch viel mehr Leistungen.

Bei längeren Reisen empfiehlt sich immer eine **Reiseversicherung**. Diese decken sowohl den Verlust des Gepäcks, als auch die Stornogebühren beim Reiseabbruch/Reiserücktritt ab und beinhalten darüber Hinaus auch den Reisekrankenversicherungsschutz und den Krankenrücktransport. Man kann ja nie wissen.

Die Reiseapotheke

Viele fragen sich „Reiseapotheke, was soll das?" Sicher kann man bei nahezu allen Beschwerden auch einen Arzt aufsuchen. Bedenken sie jedoch, dass die Krankenversicherung nicht in allen Ländern der Welt Gültigkeit hat und mit einer gut vorbereiteten Reiseapotheke auch Geld gespart werden kann. Wer will schon mehrere 100 € ausgeben, nur weil man mal klimabedingte Kopfschmerzen oder was Falsches gegessen hat?

Bevor Sie sich entscheiden, welche zusätzlichen Medikamente sie mitnehmen, stellen sie sicher, dass diese keine Gegenwirkungen auf Ihre regelmäßig einzunehmenden, verschriebenen Medikamente darstellen. Fragen dazu sie ihren Hausarzt.

In die Reiseapotheke gehören Mittel zur …

…Hautgesundheit:
- Präparat zum Schutz vor Insektenstichen
- Sonnenschutz mit hohem Lichtschutzfaktor (30+)
- Präparat mit Hydrocortison gegen Hautausschlag und leichten Sonnenbrand

…Versorgung von Verletzungen:
- Gel bei Zerrungen, Verstauchungen und Prellungen
- Desinfektionsmittel für kleine Wunden
- Material zur Wundversorgung (Verband, Pflaster)

…Verdauungsprobleme und Übelkeit:
- Medikamente gegen Magen- Darmbeschwerden
- Medikamente gegen Reisekrankheit, Übelkeit, Erbrechen
- Medikamente gegen Durchfall

...Schmerzen, Erkältung und Fieber:
- Medikamente gegen Erkältung und Fieber
- Lutschtabletten gegen Halsschmerzen
- Nasen- und Ohrentropfen
- Hustenmittel
- Schmerzmittel

...zum Individuellen Bedarf:
- Augentropfen
- Verhütungsmittel
- Stützstrümpfe
- Mittel gegen Lippenherpes
- Regelmäßig einzunehmende Medikamente
  - Nehmen Sie genug regelmäßige Medikamente mit, um die gesamte Reise über damit auszukommen.
  - Planen Sie bei den Medikamenten unvorhersehbare Verlängerungen des Urlaubs, zum Beispiel durch Defekt des Transportmittels, Verspätungen, Ausfällen oder Streiks ein.
    - Bei Inlandreisen 1-3 Tage
    - Bei Auslandreisen 5-7 Tage
  - Führen Sie im Handgepäck immer einen 3-Tage-Vorrat an regelmäßigen Medikamenten mit sich.
- Fieberthermometer
- Ohrstöpsel
- Schlafbrille

Wichtig: Zu <u>allen</u> mitgeführten Medikamenten müssen die Beipackzettel in den <u>originalen Verpackungen</u> der Medikamente inliegend sein.

<u>Liste zur Reiseapotheke zum Download unter</u>
www.moxy-hobby.de/reise/reiseapotheke.pdf

Alle Medikamente, außer den Empfohlenen fürs Handgepäck, gehören bei der Hin- und Rückreise in ihren Koffer. Beachten sie insbesondere die Mengenbestimmungen zum Transport von flüssigen Substanzen bei Flugreisen. Notwendige Medikamente, ins Besondere flüssige, müssen vor Reiseantritt im Fall eines Mehrbedarfs bei der Fluggesellschaft angemeldet und genehmigt werden.

Stellen Sie vor Reiseantritt sicher, dass Ihre Medikamente in das Reiseland eingeführt werden dürfen. Es gibt Medikamente, die auch mit Notwendigkeitsbescheinigung ihres Arztes in einige Länder nicht mitgenommen werden dürfen.

Stellen sie dieses auch sicher für alle anderen Inhalte ihrer Reiseapotheke. Im Zweifelsfall kontaktieren sie ein Reisebüro, ihren Reiseveranstalter, die Fluggesellschaft oder die Rederei.

Wenn nicht verboten, so sind die meisten Medikamente zumindest anmeldepflichtig.

Probleme kann es geben bei:
Insulin
Schmerzmittel
Psychopharmaka / Antidepressiva
Blutdruckregulierende Medikamente
Spritzen

Hier ist anzumerken, dass die Grenz- und Zollbeamten keine Ärzte sind und den Auftrag haben, Drogeneinführungen zu verhindern. Die Abwägung, ob ein Medikament notwendig ist oder nicht, ist somit auch für die Beamten ein Drahtseilakt.

Lassen Sie sich von Ihrem Arzt ein Artest ausstellen, mehrsprachig, dem zu entnehmen ist, welche Medikamente sie in welcher Häufigkeit einnehmen müssen und welche Erkrankungen/Diagnosen bei ihnen vorliegen.

Mit freundlicher Unterstützung des ADAC stehen mehrsprachige Vordrucke für die Medikamentenmitnahme zum Download bereit.

<u>Medikamentenliste zum Download unter</u>
www.moxy-hobby.de/reise/medikamente.pdf

Das Formular sollte sorgfältig und vollständig von ihrem Arzt ausgefüllt werden. So werden zwar keine Kontrollen vermieden, können jedoch den Kontrollablauf stark verkürzen.

Sollten Schmerzmittel, Psychopharmaka und/oder Antidepressiva auf der Liste angegeben sein, lassen sie von ihrem Arzt für <u>jedes</u> dieser Mittel zusätzlich das BMT-Formular gesondert ausfüllen. In diesem Vordruck melden sie Medikamente an, welche bei einer Kontrolle nach dem Betäubungsmittelgesetz die meisten Probleme verursachen könnten.

<u>BMT-Formular zum Download unter</u>
www.moxy-hobby.de/reise/bmt.pdf

Unser Tipp: Wenn sie eine Reise planen, melden sie ihre Medikamente frühzeitig bei dem Reiseveranstalter, der Fluggesellschaft oder der Rederei an. Lassen sie die Formulare ausfüllen, auch für ihre Zusatzmedikamente der Reiseapotheke, kopieren sie jeden Beipackzettel eines jeden Medikaments, welches sie mitnehmen müssen/wollen und geben sie die Unterlagen frühzeitig ab. (2-3 Monate vor Reiseantritt!) Sollte ein Medikament nicht mitgeführt werden dürfen, werden sie es frühzeitig erfahren und können mit ihrem Arzt Alternativen erwägen.

So wird gesprochen

Land	Sprache(n)
Afghanistan	Dari, Paschtu, Usbekisch,
Ägypten	Arabisch, Nubische Sprachen, Sina-Berber, Beja
Albanien	Albanisch, Griechisch, Mazedonisch
Algerien	Arabisch, Berbersprachen
Andorra	Spanisch, Katalanisch und Französisch
Angola	Portugiesisch und Bantu-Sprachen, Umbundu, Kimbundu, Chokwe, Lwena, Kikongo
Antigua und Barbuda	Englisch, Kreolisch
Äquatorialguinea	Fang, Bubi, Noowe, Spanisch und kreol.Portugiesisch, auf Annobón Pidgin-Englisch
Argentinien	Spanisch, Sprachen der indian. Ureinwohner
Armenien	Armenisch, Russisch,
Aserbaidschan	Aserbaidschanisch, Russisch, Armenisch,
Äthiopien	Amharisch, semitische und kuschitische Sprachen
Australien	Englisch, insges. ca. 200 Sprachen
Bahamas	Englisch und Kreolisch
Bahrain	Arabisch
Bangladesch	Bengali, Munda und Mon-Khmer-Sprachen
Barbados	Englisch, Bajan
Belgien	Niederländisch, Französisch, Deutsch
Belize	Englisch, Spanisch, Garifuna, Maya, deutscher Dialekt (Mennoiten)
Benin	Französisch, ca. 60 afrikanische Sprachen u.a. Ewe, Fon, Gun, Yoruba, Mina, Somba, Bariba, Dendi, Haussa, Fulani
Bhutan	Dzongha, Bumthangkha, Sarchopkha, Tsangla, Nepali
Bolivien	Spanisch, Ketschua, Aimará, Guaraní

Land	Sprache(n)
Bosnien-Herzegowina	Serbokroatisch
Botsuana	Setswana u.a. Bantu-Sprachen
Brasilien	Portugiesisch mit brasil. Eigenarten, ca. 180 Indianer-Sprachen
Brunei	Maleiisch, Iban
Bulgarien	Bulgarisch, Türkisch
Burkina Faso	Französisch, More, Ful, Arabisch
Burundi	Kirundi, Französisch, Kisuaheli
Chile	Spanisch, Sprachen der Indianer
China, Republik	Chinesisch
China, Volksrepublik	Chinesisch, Tibetisch, Uigurisch, Mongolisch,
Costa Rica	Spanisch
Dänemark	Dänisch, Deutsch teilweise Schulsprache in Nord-Schleswig
Deutschland	Deutsch, Dänisch, Sorbisch, Friesisch
Dominica	Englisch, kreol. Französisch (Patois)
Dominikanische Republik	Spanisch
Dschibuti	Arabisch, Französisch, Issa
Ecuador	Spanisch, Ketschua, Chibcha
Elfenbeinküste	Französisch, Baoulé, Bété, Diula, Senoufo, More, Kwa
El Salvador	Spanisch, Nahua, Maya
Eritrea	Tigrinya, Arabisch
Estland	Estnisch, Russisch
Fidschi	Fidschianisch, Hindi, Englisch
Finnland	Finnisch, Schwedisch, Lappisch
Frankreich	Französisch, Baskisch, Bretonisch, Elsässerdeutsch, Flämisch, Katalanisch, Korsisch, Okzitanisch
Gabun	Französisch, Fang, Batéké
Gambia	Englisch, Manding, Wolof und Ful, Arabisch,

Land	Sprache(n)
Georgien	Georgisch, Russisch
Ghana	Englisch, Twi, Fanti, Ga, Ewe, Yoruba, Dagbani, Mossi, Durma, Ful, Nzima, insges.75 Sprachen und Dialekte
Grenada	Englisch, kreol.Englisch und Französisch
Griechenland	Griechisch
Großbritannien und Nordirland	Englisch, Walisisch, Welsh, Gälisch, Man, Cornwall
Guatemala	Spanisch, 23 Maya-Quiché-Sprachen
Guinea	Französisch, Manding, Ful
Guinea-Bissau	Portugiesisch, Crioulo, Fulani
Guyana	Englisch, Hindi, Urdu und Indian. Sprachen
Haiti	Französich, Créole
Honduras	Spanisch, indian. Sprachen
Indien	Hindi, Englisch, Bengali, Marathi, Urdu, Gudscharati, Bihari, Orija, Pandschabi, Assami, Radschastani, Kaschmiri, 4 Drawida-Sprachen, Nepali, Mizo
Indonesien	Bahasa Indonesia, Javanisch, ca. 170 malayopolines. Sprachen und viele Papua-Sprachen
Irak	Arabisch, Kurdisch, Aserbaidschanisch, Aramäisch,
Iran	Persisch, Gilaki, Mazanderani, Luri, Kurdisch
Irland	Irisch (Gälisch), Englisch
Island	Isländisch
Israel	Hebräisch, Arabisch
Italien	Italienisch, Sardisch, Deutsch, Französisch, Ladinisch, Slowenisch, Friaulisch, Albanisch, Griechisch, Katalanisch
Jamaika	Englisch, jamaik.Creole
Japan	Japanisch
Jemen	Arabisch
Jordanien	Arabisch
Jugoslawien	Serbisch, Albanisch, Montenegrinisch, Ungarisch

Land	Sprache(n)
Kambodscha	Khmer
Kamerun	Französisch, Englisch, Bantu, Semibantu, Fang, Bamikele, Duala, Ful, Gbaya, Weskos
Kanada	Englisch, Französisch,
Kap Verde	Portugiesisch, Crioulo
Kasachstan	Kasachisch, Russisch,
Katar	Arabisch, Urdu, Persisch
Kenia	Kisuaheli, Kikuyu, Luo, Massai, über 30 weitere Sprachen
Kirgisistan	Kirgisisch, Russisch,
Kiribati	Gibertesisch, Englisch
Kolumbien	Spanisch, Chibcha, Ketschua, indian. Sprachen
Komoren	Komorisch, Arabisch, Französisch
Kongo, Republik	Französisch, Lingala, Monokutuba, Kikongo, Téké, Sanga, Ubangi-Sprachen
Kongo (Ex-Zaire)	Französich, Lingala, Kikongo, Chiluba, Kisuaheli, insges. über 400 Sprachen
Korea (Nord- und Süd)	Koreanisch
Kroatien	Kroatisch, Kroatoserbisch, Serbisch
Kuba	Spanisch
Kuwait	Arabisch
Laos	Lao, Sprachen der Minderheiten
Lettland	Lettisch, Russisch,
Libanon	Arabisch, Armenisch, Kurdisch, Französisch
Liberia	Englisch, Golla, Kpelle, Mande, Kru u.a.
Lybien	Arabisch, Berber-Sprachen
Liechtenstein	Deutsch
Litauen	Litauisch, Russisch, Polnisch, Belorussisch,
Luxemburg	Französisch, Deutsch, Letzeburgisch
Madagaskar	Französisch, Malagasy, Howa

Land	Sprache(n)
Malawi	Englisch, Chichewa, Lomwe, Yao, Lena, Chitumbuka
Malaysia	Malaiisch, Chinesisch, Khmer
Malediven	Maldivisch, Englisch
Mali	Bambara, Französisch, Manding, Soniké, Arabisch, Ful
Marokko	Arabisch, Berbersprachen, Französisch
Marshallinseln	Englisch, mikrones. Sprachen
Mauretanien	Arabisch, Pula, Wolof, Solinke
Mauritius	Mauretanisch (Franz. Kreolisch), Bhojipuri, Tmail, Urdu, Hindi, Telugu, Chinesisch, Französisch, Englisch
Mazedonien	Mazedonisch, Albanisch, Türkisch, Sprachen der Minderheiten
Mexiko	Spanisch, Indian. Sprachen
Mikronesien	Englisch, 9 Sprachen der Einheimischen
Moldau	Moldawisch, Russisch, Ukrainisch
Monaco	Französisch, Monegassisch
Mongolei	Mongolisch, Sprachen der Minderheiten
Mosambik	Portugiesisch, Kisuaheli, Makua, Nyanja u.a. Bantu-Sprachen
Myanmar (Ex-Burma)	Birmanisch, Sprachen der Minderheiten
Namibia	Afrikaans, Englisch, Bantu-Sprachen, Deutsch verbreitet
Nauru	Englisch, Naururisch, Sprachen der Minderheiten
Nepal	Nepali, Maithili, Bhojpuri (Bihari), Tamang, Newari
Neuseeland	Englisch, Sprachen der Maori
Nicaragua	Spanisch, indian. Sprachen, Chibcha, Miskito, Sumo
Niederlande	Niederländisch, Friesisch
Niger	Haussa, Songhai-Dscherma, Fulbe, Tamaschagh (Tuareg), Kanuri, Französisch
Nigeria	Englisch, Yoruba, Igbo, Ful, Haussa, Edo, Ibibio, Kanuri, Efik, Ijaw, Nupe, Tiv, Urhodo

Land	Sprache(n)
Norwegen	Norwegisch, Samisch
Oman	Arabisch, Balutschi, Urdu
Österreich	Deutsch, Serbokroatisch, Türkisch, Kroatisch, Slowenisch, Ungarisch, Tschechisch
Pakistan	Urdu (Nationalsprache), Pandschabi, Sindhi, Paschtu, Balutschi, Brahui
Palau	Englisch, Palauisch, Angaur, Japanisch, Tobi, Sonsorolesisch
Panama	Spanisch, Indian. Sprachen, Guaymi, Chibcha,
Papua-Neuguinea	Englisch, melanesisches Pidgin, 742 Papua-Sprachen
Paraguay	Spanisch, Guaraní
Peru	Spanisch, Ketschua, Aymará
Philippinen	Pilipino, Tagalog, Cebuano, Ilocano, Englisch, Panay-Hiligaynon, Bicol, Spanisch, Chinesisch, inges. 988 Sprachen
Polen	Polnisch, Sprachen der Minderheiten, Deutsch, Ukrainisch, Belorussisch
Portugal	Portugiesisch
Ruanda	Kinyarwanda, Englisch, Französisch, Kisuaheli
Rumänien	Rumänisch, Sprachen der Minderheiten
Rußland	Russisch, Sprachen der Minderheiten
Sahara	Arabisch, Spanisch, Hassani
Salomonen	Englisch, Pidgin-Englisch, ca. 80 melanes. und polines. Sprachen
Sambia	Englisch, Bemba, Tonga, Lozi, Luanda, Nyanja, Kaonde, u.a.
Samoa	Samoanisch, Englisch
San Marino	Italienisch
São Tomé und Príncipe	Portugiesisch, Crioulo
Saudi-Arabien	Arabisch
Schweden	Schwedisch, Sprachen der Minderheiten, Finnisch, Lappisch
Schweiz	Deutsch, Französisch, Italienisch, 4. Landessprache Rätoromanisch

Land	Sprache(n)
Senegal	Französisch, Wolof, Bambara, Sarakolé, Serer, Diola, Malinké, Peul
Seychellen	Kreolisch, Englisch, Französisch
Sierra Leone	Englisch, Manlinké, Mende, Temne, Limba, Krio
Simbabwe	Englisch, Fanagalo, Cishona, Isindebele
Singapur	Malaiisch, Chinesisch, Sprachen der Inder, Tamilisch, Englisch
Slowakei	Slowakisch, Ungarisch, Tschechisch,
Slowenien	Slowenisch, Kroatisch, Ungarisch, Italienisch,
Somalia	Somali
Spanien	Spanisch, Katalanisch, Galicisch, Baskisch
Sri Lanka	Singhalesisch (Sinhala), Tamilisch
St. Kitts und Nevis	Englisch, kreol. Englisch
St. Lucia	Englisch, Patois
St. Vincent und die Grenadinen	Englisch, kreol. Englisch
Südafrika	Englisch, Afrikaans, Zulu, Xosa, Setswana, Sotho, Tsonga, Swati, Ndebele, Venda, ind. Sprachen
Sudan	Arabisch, über 100 afrikanische Sprachen
Suriname	Niederländisch, Hindi, Javanisch
Swasiland	Siswati (Izizulu), Englisch
Syrien	Arabisch, Kurdisch, Armenisch
Tadschikistan	Tadschikisch, Russisch, Usbekisch,
Tansania	Kisuaheli, Bantu-Sprachen
Thailand	Thai, Chinesisch, Malaiisch
Togo	Französisch, Ewe, Mobu, Gurma, Fulbe, Yoruba, Haussa
Tonga	Tonga, Englisch
Trinidad und Tobago	Englisch, Französisch, Spanisch, Hindi, Chinesisch, Patois
Tschad	Französisch, Arabisch, Sara, Baguirmi, Boulala, Tibbu-Gorane u.a.

Land	Sprache(n)
Tschechische Republik	Tschechisch, Slowakisch, Polnisch, Deutsch
Tunesien	Arabisch, Berber-Sprachen, Französisch
Türkei	Türkisch, Kurdisch, Arabisch,
Turmenistan	Turkmenisch, Russisch,
Tuvalu	Tuvaluisch, Englisch
Uganda	Englisch, Kisuaheli, Bantu-Sprachen, Buganda, Banyoro, Turkana, Lango, Acholi, karamojong
Ukraine	Russisch, Ukrainisch
Ungarn	Ungarisch, Sprachen der Minderheiten, Romani, Deutsch, Kroatisch, Slwakisch, Rumänisch
Uruguay	Spanisch
Usbekistan	Usbekisch, Russisch
Vanatu	Bislama, Englisch, Französisch, ca. 110 melanes. Sprachen
Vatikanstadt	Italienisch, Latein
Venezuela	Spanisch, indian. Sprachen, Goajiro, Guaraúno, Cariña, Pemón
Vereinigte Arabische Emirate	Arabisch, Hindi, Urdu, Farsi
Vereinigte Staaten von Amerika	Englisch, Spanisch
Vietnam	Vietnamesisch
Weißrußland	Russisch, Weißrussisch
Zentralafrikanische Republik	Sangho, Französisch, Ubangi-Sprachen, Fulani
Zypern	Griechisch, Türkisch

Das Geld der Welt

Land	Währung	Details	ISO-Kode
Abu Dhabi	VAE Dirham	1 VAE Dirham = 100 Fils	AED
Afghanistan	Afghani	1 Afghani = 100 Puls	AFN
Ägypten	Ägyptisches Pfund	1 Ägyptisches Pfund = 100 Piaster = 1000 Milliemes	EGP
Akrotiri	Euro (€)	1 Euro = 100 Cent	EUR
Albanien	Lek	1 Lek = 100 Quindarka	ALL
Algerien	Algerischer Dinar	1 Algerischer Dinar = 100 Centimes	DZD
Amerikanische Jungferninseln	US-Dollar ($)	1 US-Dollar = 100 Cents	USD
Amerikanisch-Samoa	US-Dollar ($)	1 US-Dollar = 100 Cents	USD
Andorra	Euro (€)	1 Euro = 100 Cent	EUR
Angola	Kwanza	1 Neuer Kwanza = 100 Lwei	AOA
Anguilla	Ostkaribischer Dollar	1 Ostkaribischer Dollar = 100 Cents	XCD
Antigua und Barbuda	Ostkaribischer Dollar	1 Ostkaribischer Dollar = 100 Cent	XCD
Äquatorialguinea	CFA-Franc BEAC	1 CFA Franc (Äquatorial) = 100 Centimes	XAF
Argentinien	Argentinischer Peso	1 (argentinischer) Peso = 100 Centavos	ARS
Armenien	Dram	1 Dram = 100 Luma	AMD
Aruba	Aruba-Florin	1 Florin = 100 Cents	AWG
Aserbaidschan	Aserbaidschan-Manat	1 Manat = 100 Qupik	AZN
Äthiopien	Birr	1 Birr = 100 Cents	ETB
Australien	Australischer Dollar	1 Australischer Dollar = 100 Cents	AUD
Bahamas	Bahama-Dollar	1 Bahama-Dollar = 100 Cents	BSD
Bahrain	Bahrain-Dinar	1 Bahrain-Dinar = 1000 Fils	BHD

Land	Währung	Details	ISO-Kode
Bangladesch	Taka	1 Taka = 100 Poisha	BDT
Barbados	Dollar	1 Barbados-Dollar = 100 Cents	BBD
Belarus	Weißrussischer Rubel	1 Weißrussischer Rubel = 100 Kopeken	BYR
Belgien	Euro (€)	1 Euro = 100 Cent	EUR
Belize	Belize-Dollar	1 Belize-Dollar = 100 Cents	BZD
Benin	CFA-Franc BCEAO	CFA Franc (West) = 100 Centimes	XOF
Bermuda	Bermuda-Dollar	1 Bermuda-Dollar = 100 Cents	BMD
Bhutan	Ngultrum	1 Ngultrum = 100 Chetrum	BTN
Bolivien	Boliviano	1 Boliviano = 100 Centavos	BOB
Bonaire	US-Dollar ($)	1 US-Dollar = 100 Cents	USD
Bosnien und Herzegowina	Konvertible Mark	1 Konvertible Mark = 100 Fening	BAM
Botsuana	Pula	1 Pula = 100 Thebe	BWP
Brasilien	Brasilianischer Real	1 Real = 100 Centavos	BRL
Britische Jungferninseln	US-Dollar ($)	1 US-Dollar = 100 Cents	USD
Brunei Darussalam	Brunei-Dollar	1 Brunei-Dollar = 100 Cents	BND
Bulgarien	Lew	1 Lew = 100 Stotinki	BGN
Burkina Faso	CFA-Franc BCEAO	CFA Franc (West) = 100 Centimes	XOF
Burundi	Burundi-Franc	1 Burundi-Franc = 100 Centimes	BIF
Chile	Chilenischer Peso	1 Chilenischer Peso = 100 Centavos	CLP
China	Renminbi Yuan	1 Yuan = 10 Jiao = 100 Fen	CNY
Cookinseln	Neuseeland-Dollar	1 Cookinseln-Dollar = 100 Cents	NZD
Costa Rica	Costa-Rica Colón	1 Costa Rica Colón	CRC
Côte d´Ivoire	CFA-Franc BCEAO	CFA Franc (West) = 100 Centimes	XOF

Land	Währung	Details	ISO-Kode
Curaçao	Antillen-Gulden	1 Antillen-Gulden = 100 Cents	ANG
Dänemark	Dänische Krone	1 Dänische Krone = 100 Öhre	DKK
Deutschland	Euro (€)	1 Euro = 100 Cent	EUR
Dhekelia	Euro (€)	1 Euro = 100 Cent	EUR
Dominica	Ostkaribischer Dollar	1 Ostkaribischer Dollar = 100 Cents	XCD
Dominikanische Republik	Dominikanischer Peso	1 Dominikanischer Peso = 100 Centavos	DOP
Dschibuti	Dschibuti-Franc	1 Franc de Djibouti = 100 Centimes	DJF
Dubai	VAE Dirham	1 VAE Dirham = 100 Fils	AED
Ecuador	US-Dollar ($)	1 US-Dollar = 100 Cents	USD
El Salvador	US-Dollar ($)	1 El Salvador Colon = 100 Centavos	USD
Eritrea	Nakfa	1 Nakfa = 100 Cents	ERN
Estland	Euro (€)	1 Euro = 100 Cent	EUR
Falklandinseln	Falkland-Pfund	1 Falkland-Pfund = 100 Pence	FKP
Färöer	Färöische Krone	1 Färöische Krone = 100 oyrur	---
Fidschi	Fidschi-Dollar	1 Fidschi Dollar = 100 Cents	FJD
Finnland	Euro (€)	1 Euro = 100 Cent	EUR
Frankreich	Euro (€)	1 Euro = 100 Cent	EUR
Französisch-Guayana	Euro (€)	1 Euro = 100 Cent	EUR
Französisch-Polynesien	CFP-Franc	nicht unterteilt	XPF
Gabun	CFA-Franc BEAC	1 CFA Franc (Äquatorial) = 100 Centimes	XAF
Gambia	Dalasi	1 Dalasi = 100 Butut	GMD
Gazastreifen	Neuer Schekel	1 Neuer Israel Schekel = 100 Agorot	ILS
Georgien	Lari	1 Lari = 100 Tetri	GEL
Ghana	Ghanaischer Cedi	1 Cedi = 100 Pesewas	GHS
Gibraltar	Gibraltar -Pfund	1 Pfund = 100 Pence	GIP

Land	Währung	Details	ISO-Kode
Grenada	Ostkaribischer Dollar	1 Ostkaribischer Dollar = 100 Cents	XCD
Griechenland	Euro (€)	1 Euro = 100 Cent	EUR
Grönland	Dänische Krone	1 Dänische Krone = 100 Öhre	DKK
Großbritannien	Pfund Sterling (£)	1 Pfund Sterling = 100 Pence	GBP
Guadeloupe	Euro (€)	1 Euro = 100 Cent	EUR
Guam	US-Dollar ($)	1 US-Dollar = 100 Cents	USD
Guatemala	Quetzal	1 Quetzal = 100 Centavos	GTQ
Guernsey	Guernsey-Pfund	1 Guernsey-Pfund = 100 Cents	---
Guinea	Guinea-Franc	1 Guinea-Franc = 100 Cauris	GNF
Guinea-Bissau	CFA-Franc BCEAO	CFA Franc (West) = 100 Centimes	XOF
Guyana	Guyana-Dollar	1 Guyana Dollar = 100 Cents	GYD
Haiti	Gourde	1 Gourde = 100 Centimes	HTG
Honduras	Lempira	1 Lempira = 100 Centavos	HNL
Hongkong	Hongkong-Dollar	1 Dollar = 100 Cents	HKD
Indien	Indische Rupie	1 Indische Rupie = 100 Paise	HKD
Indonesien	Indonesische Rupiah	1 Rupiah = 100 Sen	IDR
Insel Man	Isle-of-Man-Pfund (auch Manx-Pfund)	1 Pfund = 100 Pence	---
Irak	Irakischer Dinar	1 Dinar = 1000 Fils	IQD
Iran	Iranischer Rial	1 Rial = 100 Dinars; 10 Rial = 1 Toman	IRR
Irland	Euro (€)	1 Euro = 100 Cent	EUR
Island	Isländische Krone	1 isländische Krone = 100 Aurar	ISK
Israel	Neuer Schekel	1 Neuer Israel Schekel = 100 Agorot	ILS
Italien	Euro (€)	1 Euro = 100 Cent	EUR

Land	Währung	Details	ISO-Kode
Jamaika	Jamaikanischer Dollar	1 Dollar = 100 Cents	JMD
Japan	Yen (¥)	ehemals 1 Yen = 100 Sen	JPY
Jemen	Jemen-Rial	1 Jemen-Rial = 100 Fils	YER
Jersey	Jersey-Pfund	1 Pfund = 100 Pence	---
Jordanien	Jordanischer Dinar	1 Jordanischer Dinar = 100 Piaster	JOD
Kaimaninseln	Kaiman-Dollar	1 Dollar = 100 Cents	KYD
Kambodscha	Riel	1 Riel = 10 Karak = 100 Sen	KHR
Kamerun	CFA-Franc BEAC	1 CFA Franc (Äquatorial) = 100 Centimes	XAF
Kanada	Kanadischer Dollar	1 Kanadischer Dollar = 100 Cents	CAD
Kap Verde	Kap-Verde-Escudo	Kap Verde Escudo	CVE
Kasachstan	Tenge	1 Tenge = 100 Tyin	KZT
Katar	Katar-Riyal	1 Katar-Riyal = 100 Dirham	QAR
Kenia	Kenia-Schilling	1 Kenia-Schilling = 100 Cents	KES
Kirgisistan	Som	1 Som = 100 Tyiyn	KGS
Kiribati	Australischer Dollar	1 Australischer Dollar = 100 Cents	AUD
Kolumbien	Kolumbianischer Peso	1 Kolumbianischer Peso = 100 Centavos	COP
Komoren	Komoren-Franc	1 Komoren-Franc = 100 Centimes	KMF
Kongo	CFA-Franc BEAC	1 CFA Franc (Äquatorial) = 100 Centimes	XAF
Kongo, Demokratische Republik	Kongo-Franc	1 Kongo-Franc = 100 Centimes	CDF
Korea, Demokratische Volksrepublik	Nordkoreanischer Won	1 nordkoreanischer Won = 100 Chon (nicht mehr in Verwendung)	KPW
Korea, Republik	Südkoreanischer Won	1 südkoreanischer Won = 100 Chon	KRW
Kosovo	Euro (€)	1 Euro = 100 Cent	EUR

Land	Währung	Details	ISO-Kode
Kroatien	Kuna	1 Kuna = 100 Lipa	HRK
Kuba	Kubanischer Peso	1 Kubanischer Peso = 100 Centavos	CUP
Kuba	Peso concertible	1 Peso convertible = 100 Centavos	CUC
Kuwait	Kuwait-Dinar	1 Kuwait-Dinar = 1000 Fils	KWD
Laos	Kip	1 Kip = 100 At	LAK
Lesotho	Loti	1 Loti = 100 Lisente	LSL
Lettland	Euro (€)	1 Euro = 100 Cent	EUR
Libanon	Libanesisches Pfund	1 Libanesisches Pfund = 100 Piastres	LBP
Liberia	Liberianischer Dollar	1 Liberianischer Dollar = 100 Cents	LRD
Libyen	Libyscher Dinar	1 Libyscher Dinar = 1000 Dirham	LYD
Liechtenstein	Schweizer Franken	1 Schweizer Franken = 100 Rappen	CHF
Litauen	Euro (€)	1 Euro = 100 Cent	EUR
Luxemburg	Euro (€)	1 Euro = 100 Cent	EUR
Macau	Pataca	1 Pataca = 100 Avos	MOP
Madagaskar	Ariary	1 Ariary = 5 Iraimbilanja	MAG
Malawi	Malawi-Kwacha	1 Malawi-Kwacha = 100 Tambala	MWK
Malaysia	Ringgit	1 Ringgit = 100 Sen	MYR
Malediven	Rufiyaa	1 Rufiyaa = 100 Laari	MVR
Mali	CFA-Franc BCEAO	CFA Franc (West) = 100 Centimes	XOF
Malta	Euro (€)	1 Euro = 100 Cent	EUR
Marokko	Marokkanischer Dirham	1 Dirham = 100 Centimes	MAD
Marshallinseln	US-Dollar ($)	1 US-Dollar = 100 Cents	USD
Martinique	Euro (€)	1 Euro = 100 Cent	EUR
Mauretanien	Ouguiya	1 Ouguiya = 5 Khoums	MRO
Mauritius	Mauritius-Rupie	1 Mauritius-Rupie = 100 Cents	MUR

Land	Währung	Details	ISO-Kode
Mayotte	Euro (€)	1 Euro = 100 Cent	EUR
Mazedonien	Mazedonischer Denar	1 Denar = 100 Deni	MKD
Mexiko	Mexikanischer Peso	1 Mexikanischer Peso = 100 Centavos	MXN
Midway	US-Dollar ($)	1 US Dollar = 100 Cent	USD
Mikronesien	US-Dollar ($)	1 US-Dollar = 100 Cents	USD
Moldau	Moldawischer Leu	1 Leu = 100 Bari	MDL
Monaco	Euro (€)	1 Euro = 100 Cent	EUR
Mongolei	Tögrög	1 Tögrög = 100 Möngö	MNT
Montenegro	Euro (€)	1 Euro = 100 Cent	EUR
Montserrat	Ostkaribischer Dollar	1 Ostkaribischer Dollar = 100 Cents	XCD
Mosambik	Metical	1 Metical = 100 Centavos	MZN
Myanmar	Kyat	1 Kyat = 100 Pyas	MMK
Namibia	Namibischer Dollar	1 Namibischer Dollar = 100 Cents	NAD
Nauru	Australischer Dollar	1 Australischer Dollar = 100 Cents	AUD
Nepal	Nepalesische Rupie	1 Nepalesische Rupie = 100 Paisa	NPR
Neukaledonien	CFP-Franc	nicht unterteilt	XPF
Neuseeland	Neuseeland-Dollar	1 Neuseeland-Dollar = 100 Cents	NZD
Nicaragua	Córdoba Oro	1 Gold-Córdoba = 100 Centavos	NIO
Niederlande	Euro (€)	1 Euro = 100 Cent	EUR
Niger	CFA-Franc BCEAO	CFA Franc (West) = 100 Centimes	XOF
Nigeria	Naira	1 Naira = 100 Kobo	NGN
Niue	Neuseeland-Dollar	1 Neuseeland-Dollar = 100 Cents	NZD
Nördliche Marianen	US-Dollar ($)	1 US-Dollar = 100 Cents	USD
Nordzypern	Neue Lira	1 Neue Türkische Lira = 100 Kurus	TRY

Land	Währung	Details	ISO-Kode
Norfolkinsel	Australischer Dollar	1 Australischer Dollar = 100 Cents	AUD
Norwegen	Norwegische Krone	1 Krone = 100 Öhre	NOK
Oman	Omanischer Rial	1 Rial Omani = 1000 Baizas	OMR
Österreich	Euro (€)	1 Euro = 100 Cent	EUR
Pakistan	Pakistanische Rupie	1 Pakistanische Rupie = 100 Paisa	PKR
Palau	US-Dollar ($)	1 US Dollar = 100 Cent	USD
Panama	Balboa	1 Balboa = 100 Centésimos	PAB
Papua-Neuguinea	Kina	1 Kina = 100 Toea	PGK
Paraguay	Guarani	1 Guarani = 100 Céntimos	PYG
Peru	Nuevo Sol	1 Nuevo Sol = 100 Céntimos	PEN
Philippinen	Philippinischer Peso	1 Philippinischer Peso = 100 Centavos	PHP
Pitcairninseln	Neuseeland-Dollar	1 Neuseeland-Dollar = 100 Cents	NZD
Polen	Zloty	1 Zloty = 100 Groszy	PLN
Portugal	Euro (€)	1 Euro = 100 Cent	EUR
Puerto Rico	US-Dollar ($)	1 US-Dollar = 100 Cents	USD
Réunion	Euro (€)	1 Euro = 100 Cent	EUR
Ruanda	Ruanda-Franc	1 Ruanda Franc = 100 Centimes	RWF
Rumänien	Rumänischer Leu	1 Leu = 100 Bani	RON
Russische Föderation	Russischer Rubel (P)	1 Russischer Rubel = 100 Kopeken	RUB
Saba	US-Dollar ($)	1 US-Dollar = 100 Cents	USD
Salomonen	Salomonen-Dollar	Salomonen Dollar	SBD
Sambia	Sambischer Kwacha	1 Kwacha = 100 Ngwee	ZMK
Samoa	Tala	1 Tala = 100 Sene	WST
San Marino	Euro (€)	1 Euro = 100 Cent	EUR

Land	Währung	Details	ISO-Kode
São Tomé und Príncipe	Dobra	1 Dobra = 100 Céntimos	STD
Saudi-Arabien	Saudi-Rial	1 Saudi-Rial = 20 Qirshes = Hallalas	SAR
Schweden	Schwedische Krone	1 Schwedische Krone = 100 Öre	SEK
Schweiz	Schweizer Franken	1 Schweizer Franken = 100 Rappen	CHF
Senegal	CFA-Franc BCEAO	CFA Franc (West) = 100 Centimes	XOF
Serbien	Serbischer Dinar	1 Serbischer Dinar = 100 Para	RSD
Seychellen	Seychellen-Rupie	1 Seychellen-Rupie = 100 Cents	SCR
Sierra Leone	Leone	1 Leone = 100 Cents	SLL
Simbabwe	Simbabwe-Dollar (ausgesetzt)	1 Simbabwe Dollar = 100 Cents	ZWD
Singapur	Singapur-Dollar	1 Singapur Dollar = 100 Cents	SGD
Sint Eustatius	US-Dollar ($)	1 US-Dollar = 100 Cents	USD
Sint Maarten	Antillen-Gulden	1 Antillen-Gulden = 100 Cents	ANG
Slowakei	Euro (€)	1 Euro = 100 Cent	EUR
Slowenien	Euro (€)	1 Euro = 100 Cent	EUR
Somalia	Somalia-Schilling	1 Somalia-Schilling = 100 Centesimi	SOS
Spanien	Euro (€)	1 Euro = 100 Cent	EUR
Spitzbergen	Norwegische Krone	1 Krone = 100 Öhre	NOK
Sri Lanka	Sri Lanka-Rupie	1 Sri Lanka-Rupie = 100 Cents	LKR
St. Barthélemy	Euro (€)	1 Euro = 100 Cent	EUR
St. Kitts und Nevis	Ostkaribischer Dollar	1 Ostkaribischer Dollar = 100 Cents	XCD
St. Lucia	Ostkaribischer Dollar	1 Ostkaribischer Dollar = 100 Cents	XCD
St. Martin	Euro (€)	1 Euro = 100 Cent	EUR

Land	Währung	Details	ISO-Kode
St. Pierre und Miquelon	Euro (€)	1 Euro = 100 Cent	EUR
St. Vincent und die Grenadinen	Ostkaribischer Dollar	1 Ostkaribischer Dollar = 100 Cents	XCD
Südafrika	Rand	1 Rand = 100 Cents	ZAR
Sudan	Sudanesisches Pfund	1 Sudanesisches Pfund = 100 Piaster	SDG
Südgeorgien und die Südlichen Sandwichinseln	Pfund Sterling (£)	1 Pfunde = 100 Pence	GBP
Südsudan	Südsudanesisches Pfund	1 Südsudanesisches Pfund = 100 Piaster	SSP
Suriname	Suriname-Dollar	1 Suriname-Dollar = 100 Cents	SRD
Swasiland	Lilangeni	1 Lilangeni = 100 Cents	SZL
Syrien	Syrisches Pfund	1 Syrisches Pfund = 100 Piastres	SYP
Tadschikistan	Somoni	1 Somoni = 100 Diram	TJS
Taiwan	Taiwan-Dollar	1 Neuer Taiwan-Dollar = 100 Cents	TWD
Tansania	Tansania-Schilling	1 Tansania Schilling = 100 Cents	TZS
Thailand	Baht	1 Baht = 100 Stangs	THB
Timor-Leste	US-Dollar ($) (+ eigene Münzen)	1 US-Dollar = 100 Cents	USD
Togo	CFA-Franc BCEAO	CFA Franc (West) = 100 Centimes	XOF
Tokelau	Neuseeland-Dollar	1 Neuseeland-Dollar = 100 Cents	NZD
Tonga	Pa'anga	1 Pa'anga = 100 Jenti	TOP
Trinidad und Tobago	Trinidad und Tobago Dollar	1 Trinidad und Tobago Dollar = 100 Cents	TTD
Tschad	CFA-Franc BEAC	1 CFA Franc (Äquatorial) = 100 Centimes	XAF
Tschechische Republik	Tschechische Krone	1 Tschechische Krone = 100 Haleru	CZK
Tunesien	Tunesischer Dinar	1 Tunesischer Dinar = 1000 Millemes	TND
Türkei	Neue Lira	1 Neue Türkische Lira = 100 Kurus	TRY

Land	Währung	Details	ISO-Kode
Turkmenistan	Turkmenistan-Manat	1 Manat = 100 Tenge	TMT
Turks- und Caicosinseln	US-Dollar ($)	1 US Dollar = 100 Cent	USD
Tuvalu	Australischer Dollar	1 Australischer Dollar = 100 Cents	AUD
Uganda	Uganda-Schilling	1 Uganda-Schilling = 100 Cents	UGX
Ukraine	Hrywna	1 Hrywna = 100 Kopeken	UAH
Ungarn	Forint	1 Forint = 100 Filler	HUF
Uruguay	Uruguayischer Peso	1 Uruguayischer Peso = 100 Centavos	UYU
Usbekistan	So'm	1 So'm = 100 Tiyin	UZS
Vanuatu	Vatu	1 Vatu = 100 Centimes	VUV
Vatikanstadt	Euro (€)	1 Euro = 100 Cent	EUR
Venezuela	Bolívar fuerte	1 Bolívar fuerte = 100 Céntimos	VEF
Vereinigte Arabische Emirate	VAE Dirham	1 VAE Dirham = 100 Fils	AED
Vereinigte Staaten	US-Dollar (€)	1 US-Dollar = 100 Cents	USD
Vietnam	Dong	1 Dong = 10 Hào = 100 Xu	VND
Wallis und Futuna	CFP-Franc	nicht unterteilt	XPF
Weihnachtsinsel	Australischer Dollar	1 Australischer Dollar = 100 Cents	AUD
Westjordanland	Neuer Schekel	1 Neuer Israel Schekel = 100 Agorot	ILS
Westsahara	Saharaui-Peseta	1 Saharaui-Peseta = 100 Céntimos	
Zentralafrikanische Republik	CFA-Franc BEAC	1 CFA Franc (Äquatorial) = 100 Centimes	XAF
Zypern	Euro (€)	1 Euro = 100 Cent	EUR

Nach Hause telefonieren

Um aus dem Ausland zu telefonieren, sind Auslandsvorwahlen erforderlich. Der in der Tabelle angegebenen Nummer wird als + stets 2 x die Ziffer 0 vorgewahlt. Die erste 0 der eigentlichen Vorwahl entfällt dann.

z.B. Berlin ist in Deutschland unter der Vorwahl **030** erreichbar. Da die Landesvorwahl von Deutschland +**49** ist, würde, um Berlin zu erreichen, **0049 30** und dann die Anschlussnummer gewählt werden.

In der Angabe von internationalen Telefonnummern wird oft +49 angegeben. Das +49 bedeutet 0049.

Land	Vorwahl
Ägypten	+20
Äquatorialguinea	+240
Amerikanische Jungferninseln	+1340
Afghanistan	+93
Albanien	+355
Algerien	+213
Amerikanisch-Samoa	+1684
Andorra	+376
Angola	+244
Anguilla	+1264
Antarktis	+672
Antigua und Barbuda	+1268
Argentinien	+54
Armenien	+374
Aruba	+297

Land	Vorwahl
Äthiopien	+251
Australien	+61
Aserbaidschan	+994
Bahamas	+1242
Bahrain	+973
Bangladesch	+880
Barbados	+1246
Belgien	+32
Belize	+501
Benin	+229
Bermuda	+1441
Bhutan	+975
Bolivien	+591
Bosnien und Herzegowina	+387
Botswana	+267
Brasilien	+55
Britisches Territorium im indischen Ozean	+246
Britische Jungferninseln	+1284
Brunei	+673
Bulgarien	+359
Burkina Faso	+226
Burma (Myanmar)	+95
Burundi	+257
Cayman Inseln	+1345
Chad	+235
Chile	+56
China	+86
Cook Inseln	+682

Land	Vorwahl
Costa Rica	+506
Demokratische Republik Kongo	+243
Dänemark	+45
Dschibuti	+253
Dominica	+1767
Deutschland	+49
Dominikanische Republik	+1809
Ecuador	+593
Elfenbeinküste	+225
El Salvador	+503
Eritrea	+291
Estland	+372
Falklandinseln	+500
Färöer Inseln	+298
Fidschi	+679
Finnland	+358
Frankreich	+33
Französisch-Polinesien	+689
Gabun	+241
Gambia	+220
Gazastreifen	+970
Georgien	+995
Großbritannien	+44
Ghana	+233
Gibraltar	+350
Griechenland	+30
Grönland	+299
Grenada	+1473

Land	Vorwahl
Guam	+1671
Guatemala	+502
Guinea	+224
Guinea-Bissau	+245
Guyana	+592
Haiti	+509
Honduras	+504
Hong Kong	+852
Island	+354
Indien	+91
Indonesien	+62
Iran	+98
Irak	+964
Irland	+353
Isle of Man	+44
Israel	+972
Italien	+39
Jamaika	+1876
Japan	+81
Jemen	+967
Jersey	+441534
Jordanien	+962
Kasachstan	+7
Kenia	+254
Kiribati	+686
Kambodscha	+855
Kroatien	+385
Kuba	+53

Land	Vorwahl
Kamerun	+237
Kanada	+1
Kap Verde	+238
Katar	+974
Kosovo	+381
Kokosinseln	+61
Kolumbien	+57
Komoren	+269
Kuwait	+965
Kirgisistan	+996
Laos	+856
Lettland	+371
Libanon	+961
Lesotho	+266
Liberia	+231
Libyen	+218
Liechtenstein	+423
Litauen	+370
Luxemburg	+352
Macao	+853
Mazedonien	+389
Madagaskar	+261
Malawi	+265
Malaysia	+60
Malediven	+960
Mali	+223
Malta	+356
Marshallinseln	+692

Land	Vorwahl
Mauritanien	+222
Mauritius	+230
Mayotte	+262
Mexiko	+52
Mikronesien	+691
Moldawien	+373
Monaco	+377
Mongolei	+976
Montenegro	+382
Montserrat	+1664
Marokko	+212
Mosambik	+258
Namibia	+264
Nauru	+674
Nepal	+977
Niederlande	+31
Niederländische Antillen	+599
Neukaledonien	+687
Neuseeland	+64
Nicaragua	+505
Niger	+227
Nigeria	+234
Niue	+683
Norfolkinsel	+672
Nordkorea	+850
Nördliche Marianen	+1670
Norwegen	+47
Oman	+968

Land	Vorwahl
Osttimor	+670
Österreich	+43
Pakistan	+92
Palau	+680
Panama	+507
Papua Neuguinea	+675
Paraguay	+595
Peru	+51
Philippinen	+63
Pitcairninseln	+870
Polen	+48
Portugal	+351
Puerto Rico	+1
Republik Kongo	+242
Rumänien	+40
Russland	+7
Ruanda	+250
Saint Barthelemy	+590
St. Helena	+290
St. Kitts and Nevis	+1869
St. Lucia	+1758
St. Martin	+1599
Saint Pierre und Miquelon	+508
St. Vincent und die Grenadinen	+1784
Samoa	+685
San Marino	+378
Sao Tome und Principe	+239
Saudi-Arabien	+966

Land	Vorwahl
Senegal	+221
Serbien	+381
Seychellen	+248
Sierra Leone	+232
Singapur	+65
Slowakei	+421
Slowenien	+386
Solomonen	+677
Somalia	+252
Südafrika	+27
Südkorea	+82
Sambia	+260
Simbabwe	+263
Spanien	+34
Sri Lanka	+94
Sudan	+249
Suriname	+597
Spitzbergen	+47
Swasiland	+268
Schweden	+46
Schweiz	+41
Syrien	+963
Taiwan	+886
Tadschikistan	+992
Tansania	+255
Thailand	+66
Tschechien	+420
Togo	+228

Land	Vorwahl
Tokelau	+690
Tonga	+676
Trinidad und Tobago	+1868
Tunesien	+216
Türkei	+90
Turkmenistan	+993
Turks- und Caicosinseln	+1649
Tuvalu	+688
Uganda	+256
USA	+1
Ungarn	+36
Uruguay	+598
Usbekistan	+998
Ukraine	+380
Vereinigte Arabische Emirate	+971
Vanuatu	+678
Venezuela	+58
Vatikanstadt	+39
Vietnam	+84
Wallis und Futuna	+681
Weihnachtsinsel	+61
Weißrussland	+375
Westjordanland	+970
Westsahara	+238
Zypern	+357
Zentralafrikanische Republik	+236

Denken sie an die Kosten bei Telefonaten aus dem Ausland oder wenn sie auf ihrem Mobiltelefon Anrufe annehmen.

Informieren sie sich bei ihrem Mobilfunkanbieter unter Angabe ihres Urlaubslandes
1. Was kostet es, wenn sie jemanden anrufen?
    beim Telefonieren mit zum Beispiel ihrer Familie!
    a. Auch auf Mobilnummern!
2. Was kostet es sie, wenn sie angerufen werden?

Um ins Ausland oder aus dem Ausland nach Deutschland kostengünstiger telefonieren zu können, gibt es entsprechende Reisetelefonkarten. Mit diesen Calling-Cards kann man Auslandstelefonate bereits ab 1 Cent/Min. führen. Die Karten sind beim Kauf bereits mit einem Guthaben von 3-5 € aufgeladen und werden durch das Anwählen einer kostenlosen Rufnummer verbraucht.

Internationale Stromstecker

In einer Vielzahl von Ländern und Regionen der Welt gibt es auch eine Vielzahl von unterschiedlichen Stromanschlüssen. Die Stromanschlüsse sind in die Typen A-M unterteilt. Um eigene elektronische Geräte betreiben zu können, benötigt man meist einen Adapter für die jeweiligen Steckertypen. In der Auflistung sehen sie, in welcher Region welcher Steckertyp genutzt wird.

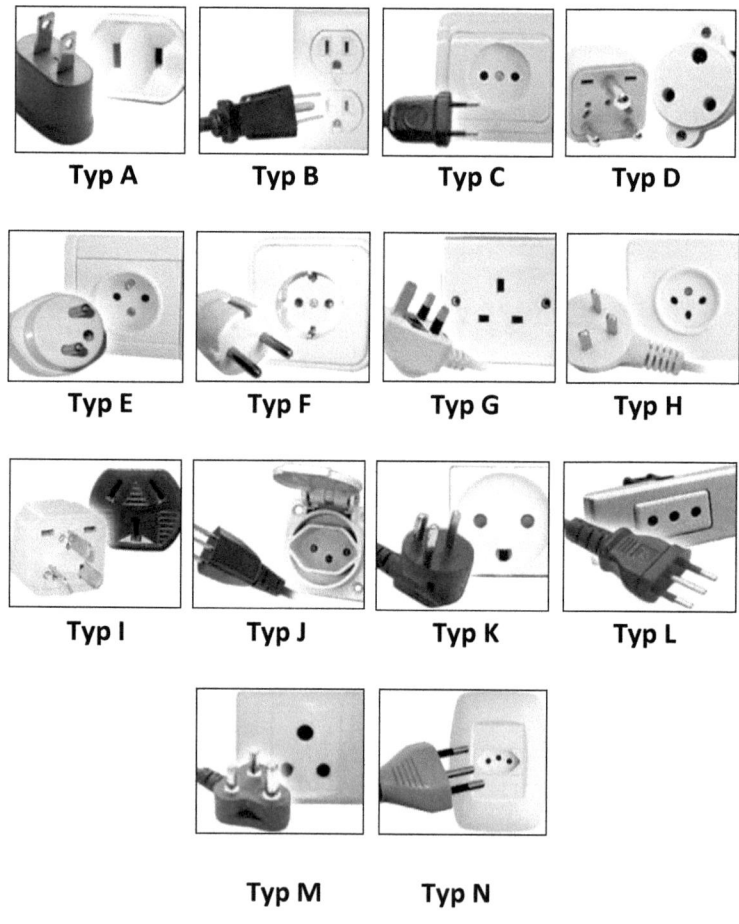

Typ A	Typ B	Typ C	Typ D
Typ E	Typ F	Typ G	Typ H
Typ I	Typ J	Typ K	Typ L
	Typ M	Typ N	

Region	Typen	Spannung in Volt	Frequenz in Hz
Ägypten	C	220	50
Äquatorialguinea	C, E	220	50
Äthiopien	C, F, D, J, L	220	50
Afghanistan	C, D, F	240	50
Albanien	C, F, L	220	50
Algerien	C, F	230	50
Andorra	C, F	220	50
Angola	C	220	50
Anguilla	A (teils auch B)	110	60
Antigua und Barbuda	A, B	230	60
Argentinien	C, I	220	50
Armenien	C, F	220	50
Aruba	A, B, F	127	60
Aserbaidschan	C	220	50
Australien	I	230	50
Azoren	B, C, F	220	50
Bahamas	A, B	120	60
Bahrain	G	230	50
Balearen	C, F	220	50
Bangladesch	A, C, D, G, K	220	50
Barbados	A, B	115	50
Belgien	E + F	230	50
Belize	B, G	110 u. 220	60
Benin	E	220	50
Bermuda	A, B	120	60
Bhutan	D, F, G, M	230	50
Bolivien	A, C	220 - 230	50
Bosnien-Herzegowina	C, F	220	50
Botswana	D, G, M	230	50

Region	Typen	Spannung in Volt	Frequenz in Hz
Brasilien	N, vereinzelt A, B, C	110, 127 u. 220	60
Brunei	G	240	50
Bulgarien	C, F	230	50
Burkina Faso	C, E	220	50
Burundi	C, E	220	50
Chile	C, L	220	50
China (Volksrep.)	A, C, I, inoffiziell G	220	50
Cookinseln	I	240	50
Costa Rica	A, B	120	60
Dänemark	C, K	230	50
Deutschland	C, F	230	50
Dominica	D, G	230	50
Dominikanische Republik	A, B	110	60
Dschibuti	C, E	220	50
Ecuador	A, B	120 – 127	60
Elfenbeinküste	C, E	230	50
El Salvador	A–G, I, J, L	115	60
Eritrea	C, L	230	50
Estland	C, F	230	50
Falklandinseln	G	240	50
Färöer-Inseln	C, K	220	50
Fidschi	I	240	50
Finnland	C, F	230	50
Frankreich	C, E	230	50
Französisch-Guyana	C, D, E	220	50
Gabun	C	220	50
Gambia	G	230	50
Gazastreifen	H	230	50

Region	Typen	Spannung in Volt	Frequenz in Hz
Georgien	C, F	220	50
Ghana	D, G	230	50
Gibraltar	C, G	240	50
Grenada	G	230	50
Griechenland	C, F	230	50
Grönland	C, F, K	220	50
Guadeloupe	C, D, E	230	50
Guam	A, B	110	60
Guatemala	A, B, G, I	120	60
Guinea	C, F, K	220	50
Guinea-Bissau	C	220	50
Guyana	A, B, D, G	240	60
Haiti	A, B	110	60
Honduras	A, B	110	60
Hongkong	G, (früher D & M)	220	50
Indien	C, D, M	230	50
Indonesien	C, F, G	127 u. 230	50
Insel Man	C, G	240	50
Irak	C, D, G	230	50
Iran	C	230	50
Irland	G (D und M selten)	230	50
Island	C, F	230	50
Israel	C, H	230	50
Italien	L, C, (F, E)	230	50
Jamaika	A, B	110	50
Japan	A, B	100	50 u. 60
Jemen	A, D, G	230	50
Jordanien	B, C, D, F, G, J	230	50

Region	Typen	Spannung in Volt	Frequenz in Hz
Jungferninseln	A, B	110	60
Kaimaninseln	A, B	120	60
Kambodscha	A, C, G	230	50
Kamerun	C, E	220	50
Kanada	A, B	120	60
Kanalinseln	C, G	230	50
Kanarische Inseln	C, E, L	220	50
Kap Verde	C, F	220	50
Kasachstan	C	220	50
Katar	D, G	240	50
Kenia	G	240	50
Kirgisistan	C		
Kiribati	I	240	50
Kolumbien	A, B	110	60
Komoren	C, E	220	50
Kongo-Brazzaville	C, E	230	50
Kongo-Kinshasa	C, D	220	50
Kroatien	C, F	230	50
Kuba	A, B, C, L	110	60
Kuwait	C, G	240	50
Laos	A, B, C, E, F	230	50
Lesotho	M	220	50
Lettland	C, F	220	50
Libanon	A, B, C, D, G	110 u. 200	50
Liberia	A, B, C, F	120 u. 240	50 u. 60
Libyen	D	127	50
Liechtenstein	C, J	230	50
Litauen	C, F	230	50
Luxemburg	C, F	230	50

Region	Typen	Spannung in Volt	Frequenz in Hz
Macau	D, M, G, teilweise F	220	50
Madagaskar	C, D, E, J, K	127 u. 220	50
Madeira	C, F	220	50
Malawi	G	230	50
Malaysia	G	240	50
Malediven	A, D, G, J, K, L	230	50
Mali	C, E	220	50
Malta	G	230	50
Marokko	C, E	127 u. 220	50
Martinique	C, D, E	220	50
Mauretanien	C	220	50
Mauritius	C, G	230	50
Mazedonien	C, F	220	50
Mexiko	A, B	127	60
Mikronesien	A, B	120	60
Moldawien	C, F	220	50
Monaco	C, D, E, F	127 u. 220	50
Mongolei	C, E	230	50
Montenegro	C, F	220	50
Montserrat	A, B	230	60
Mosambik	C, F, M	220	50
Myanmar (Birma)	C, D, F, G	230	50
Namibia	M, D, (C, F)	220	50
Nauru	I	240	50
Nepal	C, D, M	230	50
Neukaledonien	E	220	50
Neuseeland	I	230	50
Nicaragua	A	120	60
Niederlande	C, F	230	50

Region	Typen	Spannung in Volt	Frequenz in Hz
Niederländische Antillen	A, B, F	127 u. 220	50
Niger	A, B, C, D, E, F	220	50
Nigeria	D, G	240	50
Nordkorea	C	220	60
Norwegen	C, F	230	50
Okinawa	A, B, I	100	60
Oman	C, G	240	50
Österreich	C, F, E+F	230	50
Osttimor	C, E, F, I	220	50
Pakistan	C, D	230	50
Panama	A, B	110	60
Papua-Neuguinea	I	240	50
Paraguay	A, B, C, F, I, L	220	50
Peru	A, B, C	220	60
Philippinen	A, B, C	220	60
Polen	C, E	230	50
Portugal	C, F	230	50
Puerto Rico	A, B	120	60
Réunion	E	220	50
Ruanda	C, J	230	50
Rumänien	C, F	220 – 230	50
Russische Föderation	C, F	230	50
Sambia	C, D, G	230	50
Samoa	I	230	50
Samoa (US-amerikanischer Teil)	A, B, F, I	120	60
Saudi-Arabien	A, B, F, G	127 u. 220	60
Schweden	C, F	230	50
Schweiz	C, J	230	50

Region	Typen	Spannung in Volt	Frequenz in Hz
Senegal	C, D, E, K	230	50
Serbien	C, F	230	50
Seychellen	G	240	50
Sierra Leone	D, G	230	50
Simbabwe	D, G	220	50
Singapur	G, (M)	230	50
Slowakei	C, E	230	50
Slowenien	C, F	230	50
Somalia	C	220	50
Spanien	C, F, L	230	50
Sri Lanka	D, M	230	50
St. Kitts und Nevis	D, G	230	60
St. Lucia	G	240	50
St. Vincent und die Grenadinen	A, C, E, G, I, K	230	50
Sudan	C, D	230	50
Südsudan	C, D	230	50
Südafrika	M, D, C, N	220 – 230	50
Südkorea	C, F	220	60
Suriname	C, F	127	60
Swasiland	M	230	50
Syrien	C, E, L	220	50
Tadschikistan	C, I	220	50
Tahiti	A, B, E	110 – 220	60
Taiwan	A, B	110	60
Tansania	D, G	230	50
Thailand	A, B, C	220	50
Togo	C	220	50
Tonga	I	240	50

Region	Typen	Spannung in Volt	Frequenz in Hz
Trinidad und Tobago	A, B	115	60
Tschad	D, E, F	220	50
Tschechische Republik	C, E	230	50
Türkei	F (früher C)	230	50
Tunesien	C, E	230	50
Turkmenistan	B, F	220	50
Uganda	G	240	50
Ukraine	C, F	230	50
Ungarn	C, F	230	50
Uruguay	C, F, I, L	220	50
Vereinigte Staaten	A, B	120	60
Usbekistan	C, F, I	220	50
Vanuatu	I	prakt. 220	
Venezuela	A, B	120	60
Vereinigte Arabische Emirate	C, D, G	220	50
Vereinigtes Königreich	G (D und M in alten Geräten)	230	50
Vietnam	A, C, G	127 u. 220	50
Weißrussland	C	220	50
Zentralafrikanische Republik	C, E	220	50
Zypern	G	240	50

Die Zeitzonen

Sommerzeitumstellung ist nicht berücksichtigt

Standard Zeitzone

GMT	Civilian Time Zones	Städte
⬇ **GMT 0** 00:00 ⬆	GMT: Greenwich Mean Time UT: Universal Time UTC: Universal Coordinated WET: Western European WEZ: Westeuropäische Zeit	London, UK Dublin, Irland Lissabon, Portugal Reykjavik, Island Casablanca, Marokko Kanaren Westsahara Nouakchott, Mauretanien Dakar, Senegal Conakry, Guinea Freetown, Sierra Leone Monrovia, Liberia Timbuktu, Mali Ouagadougou, Burkina Faso Abidjan, Elfenbeinküste Accra, Ghana Lome, Togo

Die Zeitzone „GMT 0" ist auch in der Karte (Seite 74/75) entsprechend mit Pfeilen gekennzeichnet

Deutschland ist Zeitzone GMT +1

Östlich von Greenwich

GMT	Civilian Time Zones	Städte
GMT +1 01:00	CET: Central European MEZ: Mitteleuropäische Zeit	Paris, Frankreich Berlin, Deutschland Amsterdam, Niederlande Brüssel, Belgien Wien, Österreich Madrid, Spanien Rom, Italien Bern, Schweiz Stockholm, Schweden Oslo, Norwegen Kopenhagen, Dänemark Warschau, Polen Prag, Tschechien Budapest, Ungarn Belgrad, Jugoslawien Tirana, Albanien Algier, Algerien Tunis, Tunesien Tripoli, Libyen Niamey, Niger N'Djamena, Tschad Cotonou, Benin Lagos, Nigeria Duala, Kamerun Bangui, Zentralafrikanische Republik Kinshasa, Kongo (westl. Teil) Luanda, Angola

GMT	Civilian Time Zones	Städte
GMT +2 02:00	EET: Eastern European OEZ: Osteuropäische Zeit CAT: Central Africa Time SAST: South Africa Standard Time	Helsinki, Finnland Vilnius, Litauen Riga, Lettland Talinn, Estland Minsk, Weißrußland Kiew, Ukraine Chisinau, Moldawien Bukarest, Rumänien Athen, Griechenland Istanbul, Türkei Jerusalem, Israel Amman, Jordanien Kairo, Ägypten Khartum, Sudan Kisangani, Kongo (östlicher Teil) Kigali, Ruanda Bujumbura, Burundi Lusaka, Sambia Windhuk, Namibia Gaborone, Botswana Lilongwe, Malawi Maputo, Mosambik Harare, Zimbabwe Kapstadt, Südafrika
GMT +3 03:00	BT: Baghdad Time MSK: Moscow Time EAT: East African	Moskau, Rußland Damaskus, Syrien Bagdad, Irak Kuwait Stadt, Kuwait Riad, Saudi Arabien Sanaa, Jemen Addis Abeba, Äthiopien Asmara, Eritrea Mogadischu, Somalia Nairobi, Kenia Daressalam, Tansania Antananarivo, Madagaskar

GMT	Civilian Time Zones	Städte
GMT +3:30 03:30	IRT: Iran	Teheran, Iran
GMT +4 04:00	SAMT: Samara Time	Samara, Rußland Wolgograd, Rußland Tiflis, Georgien Eriwan, Armenien Baku, Aserbeidschan Abu Dhabi, VAE Muskat, Oman
GMT +4:30 04:30	Afghanistan	Kabul, Afghanistan
GMT +5 05:00	YEKT: Yekaterinburg Time TMT: Turkmanistan TJT: Tadjikistan Pakistan	Orenburg, Rußland Swerdlowsk, Rußland Yekaterinburg, Rußland Aktjubinsk, Kasachstan Buchara, Usbekistan Aschchabad, Turkmenistan Karatschi, Pakistan
GMT +5:30 05:30	Indien	Neu Delhi, Indien Mumbai, Indien Kalkutta, Indien Adamanen-Inseln Nicobar-Inseln
GMT +5:45 05:45	Nepal	Kathmandu, Nepal

GMT	Civilian Time Zones	Städte
GMT +6 06:00	OMST: Omsk Time NOVT: Novosibirsk Time LKT: Lankan Bangla Desh	Omsk, Rußland Novosibirsk, Rußland Karaganda, Kasachstan Bischkek, Kirgisien Duschanbe, Tadschikistan Colombo, Sri Lanka Dakka, Bangla Desh
GMT +6:30 06:30	MMT: Myanmar	Rangun, Myanmar Kokosinseln
GMT +7 07:00	KRAT: Krasnoyarsk ICT: Indochina WIT: West Indonesia	Krasnojarsk, Rußland Ulan Gom, Mongolei (westl. Teil) Bangkok, Thailand Hanoi, Vietnam Phnom Penh, Kambodscha Vientiane, Laos Padang, Sumatra, Indonesien Jakarta, Java, Indonesien

GMT	Civilian Time Zones	Städte
GMT +8 08:00	IRKT: Irkutsk ULAT: Ulan Bator CST: China Standard CIT: Central Indonesia BNT: Brunei AWST: Australian Western Standard Time	Irkutsk, Rußland Ulan Bator, Mongolei (zentral) Peking, China Hongkong, China Taipeh, Taiwan Manila, Philippinen Brunei Kuala Lumpur, Malaysia Singapur Banjarmasin, Kalimantan, Indonesien Dili, Timor Perth, WA, Australien
GMT +9 09:00	YAKT: Yakutsk JST: Japan Standard KST: Korea Standard EIT: East Indonesia	Jakutsk, Rußland Barun Urta, Mongolei (östlicher Teil) Tokio, Japan Seoul, Süd-Korea Pyöngyang, Nord-Korea Karufa, Irian Jaya, Indonesien
GMT +9:30 09:30	ACST: Australian Central Standard Time	Darwin, NT, Australien Adelaide, SA, Australien

GMT	Civilian Time Zones	Städte
GMT +10 10:00	VLAT: Vladivostok GST: Guam Standard AEST: Australian Eastern Standard Time	Wladiwostok, Rußland Chaborowsk, Rußland Guam, USA Maprik, Papua-Neuguinea Kieta, Bougainville Sydney, NSW, Australien Brisbane, QL, Australien Melbourne, VA, Australien
GMT +10:30 10:30	Lord Howe Island	Lord Howe Island
GMT +11 11:00	MAGT: Magadan	Magadan, Rußland Sachalin, Rußland Guadalcanal, Salomon-Inseln Malekula, Vanuatu Nouméa, Neukaledonien
GMT +11:30 11:30´	Norfolk Island	Norfolk Island
GMT +13:00 13:00	Rawaki Inseln	Anadyr, Rußland Rawaki Inseln: Enderbury Kiribati
GMT +14 14:00	Line Islands	Line Islands: Kiritibati

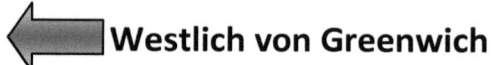
Westlich von Greenwich

GMT	Civilian Time Zones	Städte
GMT -1 23:00	AT: Azores	Azoren, Kapverden
GMT -2 22:00	AT: Azores	Montevideo, Uruguay
GMT -3 21:00	EBT: Eastern Brazilian	Georgetown, Guyana Cayenne, frz. Guyana Belém, Brasilien Brasilia, Brasilien Rio de Janeiro, Brasilien Buenos Aires, Argentinien Georgetown, Guyana
GMT -3:30 20:30	NT: Newfoundland	Neufundland, Kanada Surinam
GMT -4 20:00	WBT: Western Brazilian AST: Atlantic Standard	Halifax, Kanada Caracas, Venezuela Manaus, Brasilien La Paz, Bolivien Asuncion, Paraguay Santiago, Chile Osterinsel

GMT	Civilian Time Zones	Städte
GMT -5 19:00	EST: Eastern Standard	Toronto, Kanada New York, NY, USA Bogotà, Kolumbien Lima, Peru
GMT -6 18:00	CST: Central Standard	Saskatchewan, Kanada Austin, TX, USA New Orleans, LA, USA Mexiko Stadt, Mexiko
GMT -7 17:00	MST: Mountain Standard	Salt Lake City, UT, USA
GMT -8 16:00	PST: Pacific Standard	Vancouver, Kanada Los Angeles, CA, USA
GMT -9 15:00	YST: Yukon Standard	Alaska, USA
GMT -10 14:00	AHST: Alaska-Hawaii Standard CAT: Central Alaska HST: Hawaii Standard	Hawaii, USA
GMT -11 13:00	NT: Nome	Nome, Alaska, USA
GMT -12 12:00	**IDLW: International Date Line West**	

Botschaften

Wenn sie bei Auslandsreisen mal in rechtliche Probleme geraten sollten, oder Sie Hilfe benötigen in Ihrer Landessprache, helfen Ihnen die Botschaften im entsprechenden Land.

**Download für die Liste der Vertretungen
der Bundesrepublik Deutschland im Ausland**
www.moxy-hobby.de/reise/botschaft.pdf